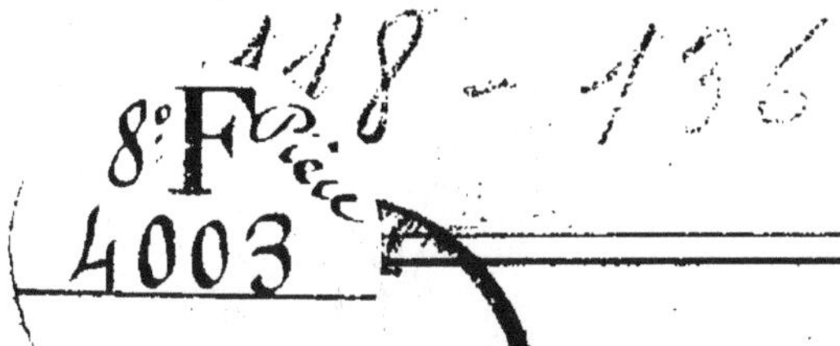

DU TESTAMENT MILITAIRE

PAR

EDMOND MÉMIN

DOCTEUR EN DROIT

ATTACHÉ DU CADRE AUXILIAIRE DE L'INTENDANCE

LE MANS
IMPRIMERIE CHARLES BLANCHET
6, RUE GAMBETTA, 6

1906

DU

TESTAMENT MILITAIRE

PAR

EDMOND MÉMIN

DOCTEUR EN DROIT

ATTACHÉ DU CADRE AUXILIAIRE DE L'INTENDANCE

LE MANS

IMPRIMERIE CHARLES BLANCHET

6, RUE GAMBETTA, 6

1906

DU
TESTAMENT MILITAIRE

Du Testament en général
Division des Testaments en Droit Français
Testament militaire

I. — Le testament est un acte par lequel une personne dispose pour le temps où elle n'existera plus de tout ou partie de ses biens et qu'elle peut toujours révoquer.

L'usage des testaments se retrouve chez tous les peuples.

A Rome notamment, le testament était très en honneur, et dans l'origine les testaments se faisaient en quelque sorte dans la forme des lois, au milieu des assemblées du peuple.

Nous retrouvons trace également du testament dans notre ancienne législation française, cette matière était l'objet de l'ordonnance spéciale de 1735 rédigée par le chancelier d'Aguesseau.

Actuellement les testaments en droit français sont régis par le Code Civil sous le titre « des donations entre vifs et des testaments ».

II. — Le testament dans notre législation est soumis à un certain nombre de formalités qui doivent être observées sous peine de nullité.

« On ne doit pas oublier en effet, dit Baudry-Lacantinerie, que l'exécution des dispositions testamentaires n'a lieu qu'après la mort du testateur, alors que celui-ci n'est plus là pour protester contre les volontés inexactes, qu'on pourrait lui prêter.

C'est précisément à raison du respect que méritent les volontés du testateur qu'on ne peut point considérer comme telles des volontés affirmées d'une façon quelconque (1).

III. — Au point de vue de la forme, les testaments se divisent en testaments ordinaires et en testaments privilégiés. C'est dans cette seconde catégorie que se placent les testaments des militaires, des marins de l'Etat et des personnes employées à la suite des armées, sur lesquels nous nous proposons de donner quelques explications.

Toutefois avant d'aborder ces testaments, il convient de faire remarquer que le Code Civil admet trois formes de testaments ordinaires :

Le testament olographe.
Le testament par acte public.
Le testament mystique.

Des deux derniers qui exigent l'intervention d'un notaire, nous n'avons pas à nous occuper ici.

En ce qui concerne le testament olographe nous rappellerons seulement qu'il doit être écrit en entier, daté et signé de la main du testateur et qu'il

(1) Baudry-Lacantinerie et Colin (Donations entre vifs II, n° 1819 *bis*.

n'est assujetti à aucune autre forme (art. 970 du Code Civil).

Ce mode de tester est assurément le plus rationnel et le plus pratique, il est donc bien évident qu'aux armées comme partout ailleurs, la forme olographe sera employée le plus fréquemment et de préférence à toute autre.

Mais, soit que le testateur ne sache pas écrire, soit qu'il ne puisse le faire, soit encore qu'il veuille assurer d'une façon plus énergique la conservation de ses volontés, il faudra l'intervention de certaines personnes pour la confection du testament.

Le testament ainsi fait est soumis à des règles particulières que nous allons étudier sommairement :

Les articles du Code civil qui traitent du testament militaire sont les suivants :

Article 981. — *Les testaments des militaires, des marins de l'Etat et des personnes employées à la suite des armées pourront être reçus, dans les cas et conditions prévus à l'article 93, soit par un officier supérieur ou médecin militaire d'un grade correspondant, en présence de deux témoins; soit par deux fonctionnaires de l'intendance ou officiers du commissariat, soit par un de ces fonctionnaires ou officiers, en présence de deux témoins, soit, enfin, dans un détachement isolé, par l'officier commandant ce détachement, assisté de deux témoins, s'il n'existe pas dans le détachement d'officier supérieur ou médecin militaire d'un grade correspondant, de fonctionnaire de l'intendance ou d'officier de commissariat.*

Le testament de l'officier commandant un détachement isolé pourra être reçu par l'officier qui vient après lui dans l'ordre du service.

La faculté de tester dans les conditions prévues au présent article s'étendra aux prisonniers chez l'ennemi.

ARTICLE 982. — *Les testaments mentionnés à l'article précédent pourront encore, si le testateur est malade ou blessé, être reçus dans les hôpitaux ou les formations sanitaires militaires, telles que les définissent les règlements de l'armée, par le médecin chef, quel que soit son grade, assisté de l'officier d'administration gestionnaire.*

A défaut de cet officier d'administration, la présence de deux témoins sera nécessaire.

ARTICLE 983 — *Dans tous les cas, il sera fait un double original des testaments mentionnés aux deux articles précédents.*

Si cette formalité n'a pu être remplie à raison de l'état de santé du testateur, il sera dressé une expédition du testament pour tenir lieu du second original; cette expédition sera signée par les témoins et par les officiers instrumentaires. Il y sera fait mention des causes qui ont empêché de dresser le second original.

Dès que la communication sera possible, et dans le plus bref délai, les deux originaux ou l'original et l'expédition du testament seront adressés séparément et par courriers différents, sous plis clos et cacheté, au ministre de la guerre ou de la marine, pour être déposés chez le notaire indiqué par le testateur, ou, à défaut d'indication, chez le président de la chambre des notaires de l'arrondissement du dernier domicile.

ARTICLE 984. — *Le testament fait dans la forme ci-dessus établie sera nul six mois après que le testateur sera venu dans un lieu où il aura la liberté d'employer les formes ordinaires, à moins que, avant l'expiration de ce délai, il n'ait été de nouveau placé dans une des situations spéciales prévues à l'article 93. Le testament sera alors valable pendant la durée de cette situation spéciale et pendant un nouveau délai de six mois après son expiration.*

Personnes qui peuvent tester militairement

Pour pouvoir invoquer les règles spéciales édictées pour le testament militaire, il faut naturellement être militaire.

Néanmoins aux militaires l'article 981 assimile avec raison ceux qui sont employés à la suite des armées.

Mais comment reconnaitre les employés à la suite des armées ?

On admet généralement que l'on doit se référer en cette matière à l'ordonnance de 1735 qui les indique ainsi :

« Ceux qui n'étant ni officiers ni engagés dans « les troupes, se trouveront à la suite des armées « ou chez les ennemis, soit à cause de leurs em-

« plois ou fonctions, soit pour le service qu'ils « rendront aux officiers, soit à l'occasion de la « fourniture des vivres et munitions des troupes.

Tous ceux qui exercent une fonction, un emploi qui rendent un service quelconque dans les armées, jouissent de la faveur du testament militaire pourvu toutefois que ce soit à titre public, avec une commission du Gouvernement ou du commandement supérieur (1).

Ainsi celui qui, sans appartenir aux cadres de l'armée, servirait un militaire, par exemple le domestique personnel d'un général, n'aurait pas le droit de faire un testament militaire.

Par contre, le droit de tester mi itairement appartient aux agents diplomatiques accrédités avec une mission auprès d'un corps d'armée sans qu'il soit nécessaire que ces agents se trouvent, au moment où ils font leur testament, au milieu du camp où des troupes composant l'armée, pourvu qu'ils soient à portée de remplir exactement la mission militaire qui leur est confiée (2).

Le même privilège s'étend aux envoyés, aux résidents, aux plénipotentiaires à toute personne quel que soit son titre, qui représente un souverain étranger.

Enfin, il est également admis par tous les auteurs

(1) Dalloz : *Jurisprudence générale, Dispositions entre vifs,* n° 3354 — Les vivandières, domestiques, cantiniers, etc., qui sont commissionnés par un entrepreneur, compris dans un tableau fourni par cet entrepreneur et approuvé par le ministre jouissent du bénéfice de l'art. 981 (Instruction générale du Ministre de la Guerre du 8 mars 1823).

(2) Dalloz J.-G. : *Agents Diplomatiques, 85.*

que ce privilège doit être appliqué aux savants attachés à une expédition et aux plénipotentiaires qui accompagnent l'armée pour traiter.

Cas et conditions prévues à l'article 93 c. c.

D'après le texte de l'article 981, cité ci-dessus, le testament militaire pourra être reçu dans les cas et conditions prévus à l'article 93.

Nous devons par suite, pour les étudier, nous reporter à cet article.

Il résulte du texte de l'article 93 que les actes de l'état civil (et par suite le testament militaire, puisque l'article 981 se réfère à l'article 93) peuvent être reçus soit en France, soit hors de la France.

En *France*, ces actes pourront être reçus en cas de mobilisation ou de siège.

Hors de France, ils pourront en tout temps être reçus.

1° Dans les formations de guerre mobilisées.

2° Dans les quartiers généraux ou états-majors.

3° Dans les formations ou établissements sanitaires dépendant des armées.

4° Dans les hôpitaux maritimes et coloniaux sédentaires ou ambulants.

5° Dans les colonies et les pays de protectorat et lors des expéditions d'outre-mer.

Ainsi en France, à partir du jour où la mobilisation est proclamée, tout militaire ou individu, bénéficiant des dispositions de l'article 981, peut faire son testament dans la forme militaire.

De même en cas de siège d'une ville.

*

Le siège de la ville doit être effectif, la simple proclamation de l'état de siège ne suffirait pas.

Une ville est reputée comme assiégée dans le sens de l'article 93 lorsque l'ennemi est à ses portes encore qu'il y ait suspension des hostilités ; en ce cas un testament fait dans la forme militaire est valable. Peu importe que les communications fussent encore libres et qu'il y eut possibilité de recourir à un notaire (1).

Hors de France l'art. 93 est toujours applicable en temps de paix comme en temps de guerre.

Prisonniers chez l'ennemi

La faculté de faire un testament militaire était accordée aux prisonniers chez l'ennemi avant une loi du 8 juin 1893, qui l'avait supprimée.

Mais elle a été rétablie avec raison par la loi du 7 mai 1900.

« Le paragraphe final, ajouté à l'article 981, « reproduit une disposition omise à tort dans la loi « du 8 juin 1893, de l'ancien art. 983, qui autorisait « les prisonniers de guerre chez l'ennemi à tester « militairement. La difficulté pour le prisonnier de « guerre de s'adresser à un officier public étran- « ger et de se faire comprendre par lui les frais, « qui pourraient en résulter, justifient suffisam- « ment le rétablissementde cette disposition (2). »

Il convient de faire observer toutefois que le militaire prisonnier chez l'ennemi ne pourra pas

(1) Paris 1er décembre 1815).
(2) Rapport de M. Cordelet au Sénat.

toujours user de la faculté de faire son testament dans la forme militaire, car pour la validité de celui-ci il faudra que le militaire ait pour compagnons de captivité des officiers du grade et de la qualité de ceux que les art. 981 et 982 autorisent à recevoir l'acte (1).

La présence de deux témoins dans le cas ou les art. 981 et 982 l'exigent sera également absolument indispensable.

Une instruction du Ministre de la Guerre du 8 novembre 1855 prescrit bien que les évènements de la guerre empêchant souvent de se conformer à toutes les dispositions prescrites par la loi, pour le nombre des témoins les délais où les formes de l'acte, on ne doit pas moins dresser celui-ci en y indiquant les irrégularités qui s'y trouvent et les motifs qui se sont opposés à ce que la loi fût complètement observée.

Mais en matière testamentaire, toutes les prescriptions doivent être exécutées strictement à peine de nullité de l'acte et l'instruction sus-visée ne saurait s'appliquer aux testaments.

Capacité de recevoir le testament militaire

L'expression « officiers supérieurs » comprend les colonels, lieutenants-colonels, chefs de batail-

(1) Le Français pris par des pirates ne peut tester *jure militari*, mais seulement en la forme olographe, ou dans les formes usitées dans le pays, à moins qu'il n'ait éte pris dans une guerre faite à la puissance à laquelle appartiennent ces pirates. (Duranton, t-q n° 154.)

lons ou d'escadrons, capitaines de vaisseau ou de frégate (1).

Bien entendu, par colonels, lieutenants-colonels, etc., on doit entendre tous les officiers qui ont ce grade et non seulement le titre. Ainsi un officier d'administration principal des bureaux de l'Intendance, qui a le grade de commandant, a par suite qualité pour recevoir un testament militaire.

Mais *quid* des officiers généraux dont l'article 981 ne parle pas ?

Il est évident qu'ils ont également la capacité de recevoir le testament militaire car on ne saisirait pas le motif de leur exclusion. Il est à remarquer d'ailleurs, que le texte de 1804 parlait, non d'officiers supérieurs, mais « d'un chef de bataillon ou d'escadron ou de tout autre officier d'un grade supérieur.

Regrettons néanmoins que l'art. 981 ne soit pas plus explicite.

Quel que soit le grade de l'officier, il doit être assisté de deux témoins ; il n'y a d'exception que :

1° Pour les fonctionnaires de l'Intendance ou officiers du commissariat, lesquels peuvent, s'ils sont deux, recevoir le testament sans aucun autre concours.

2° Et pour le médecin chef d'un hôpital ou d'une formation sanitaire militaire qui peut être assisté de l'officier d'administration gestionnaire.

(1) Rapport de M. Darlan à la Chambre des Députés sur la loi du 8 juin 1893.

Enfin l'officier compétent pour recevoir le testament militaire doit instrumenter lui-même sans pouvoir déléguer ses fonctions.

Témoins

D'après une instruction du ministre de la Guerre du 21 Brumaire an XII, les témoins doivent être mâles, majeurs et n'être ni les commis, ni les délégués de celui qui reçoit le testament.

Mais depuis la loi du 7 Décembre 1897 deux conditions seules sont exigées des témoins dans un testament :

1° Être majeurs.

2° Être français sans distinction de sexe.

Cependant le mari et la femme ne peuvent être témoins ensemble dans le même testament.

Voilà pour la capacité civile des témoins.

En ce qui concerne la capacité naturelle, les témoins appelés à la confection d'un testament doivent posséder les qualités physiques et morales nécessaires, d'abord pour se rendre compte des volontés exprimées par le testateur et de l'observation des formalités prescrites par la loi, et ensuite pour pouvoir, si besoin est, rendre compte de ce qui s'est passé en leur présence.

Les aveugles, les sourds-muets, les personnes atteintes d'une surdité complète, les déments, même non interdits, les idiots, ne peuvent en conséquence être choisis comme témoins.

L'ivresse manifeste de l'un des témoins serait également suffisante pour provoquer la nullité d'un testament.

Pour terminer, rappelons que, d'après l'article 975 du Code Civil, ne peuvent être pris comme témoins pour un testament, ni les légataires, à quelque titre qu'ils soient, ni leurs parents ou alliés, jusqu'au quatrième degré (1).

Forme

Au point de vue de la forme, le testament militaire diffère très sensiblement du testament ordinaire par acte public.

D'une part, les formalités exigées sont moins nombreuses, d'autre part, l'omission d'une de ces formalités pourrait ne pas rendre nul le testament militaire, contrairement à ce qui a lieu ordinairement.

Nous allons indiquer les formalités prescrites par la loi à peine de nullité dans le testament par acte public et en regard celles exigées dans le testament militaire.

Testament par acte public	**Testament privilégié (notamment testament militaire.**
Dictée : Le testament par acte public doit être dicté par le testateur au notaire ou aux notaires s'ils sont deux.	Le testament privilégié n'a pas besoin d'être dicté par le testateur. Il doit être fait mention expresse de cette dictée.

(1) Cette application des dispositions de l'article 975 aux testaments privilégiés et par suite au testament militaire a été contestée par quelques auteurs mais elle est admise aujourd'hui par tous les auteurs récents.

(Article 972 du Code civil).

Il peut être rédigé sur un projet écrit, sur des réponses à des interrogations ou sur de simples signes.

Écriture :

Le testament doit être écrit en entier par le notaire qui le reçoit et il doit être fait également mention expresse de cette écriture par le notaire. (Article 972).

Il n'est pas nécessaire qu'il soit écrit de la main même de l'officier qui le reçoit.

Lecture :

Le testament doit être lu au testateur en présence de témoins et mention de cette lecture doit être faite. (Article 972).

Il n'est pas non plus nécessaire qu'il soit lu au testateur et aux témoins. Mais il devra être donné lecture au testateur en présence des témoins de l'article 984 et mention de cette lecture sera faite dans le testament (1).

Signature :

Le testament doit être signé par le testateur ; s'il déclare qu'il ne sait ou ne peut signer, il sera fait dans l'acte, mention expresse de sa déclaration

Il doit, bien entendu, être signé du testateur et, en outre, par celui qui l'aura reçu et par les témoins. (Article 997).

Et, si le testateur dé-

(1) L'art. 984 indique que le testament militaire est nul six mois après que le testateur aura la liberté d'employer les formes ordinaires.

ainsi que de la cause qui l'empêche de signer.

Le testament doit être signé également par les témoins et le notaire (sauf dans les campagnes où un et même quelquefois deux témoins peuvent ne pas savoir signer).

clare qu'il ne peut ou ne sait signer, il sera fait mention de sa déclaration ainsi que de la cause qui l'empêche de signer (1).

Dans le cas où la présence de deux témoins est requise, le testament sera signé au moins par l'un d'eux et il sera fait mention de la cause pour laquelle l'autre n'aura pas signé (Article 998).

Il est à peine utile d'ajouter que le testament militaire doit être daté sous peine de nullité de même que tous les autres testaments.

L'omission de la mention de la cause qui empêche le testateur de signer n'est pas une cause de nullité du testament militaire.

Ce testament ne serait pas nul par cela que la signature du testateur et des témoins n'y serait pas mentionnée.

(2) Dans le cas où le testateur déclare qu'il ne sait ou ne peut signer il ne suffit pas que l'officier qui reçoit le testament mentionne que le testateur ne sait ou ne peut signer, il faut qu'il mentionne la déclaration de ne savoir ou ne pouvoir signer.

Et la cause d'empêchement est constatée par l'officier qui reçoit le testament. Par suite, si le testateur a déclaré ne pouvoir signer il faut que l'officier mentionne ce qui a causé l'impuissance.

Exemple : Requis de signer par M. . . . . le testateur a déclaré à celui-ci, en présence de deux témoins, savoir signer, mais ne pouvoir le faire par suite d'une blessure au bras droit lui rendant impossible l'usage de la main droite.

Néanmoins il est préférable de se conformer strictement aux prescriptions du Code afin d'éviter toute demande en nullité ultérieurement.

Conservation du testament

Le Code n'ordonnait aucune mesure conservatoire pour le testament militaire.

En sorte que les officiers qui avaient reçu le testament en gardaient la minute, ou, ce qui était préférable, ils la faisaient parvenir au plus tôt au ministre de la guerre, afin de le soustraire aux dangers des événements militaires.

Mais la loi du 8 juin 1893 a prescrit des mesures conservatoires qui font l'objet de l'art. 983.

Nous avons cité plus haut le texte de cet article et il n'y a pas lieu de le reproduire ici.

Durée de validité du testament militaire

Aux termes de l'art. 984, le testament militaire est nul six mois après que le testateur est revenu dans un lieu où il a la liberté d'employer les formes ordinaires à moins qu'avant l'expiration de ce délai il ne se soit retrouvé de nouveau dans les conditions voulues pour tester militairement.

Dans ce cas, le droit du testateur d'avoir un testament militaire, n'ayant pas cessé, continuera sans interruption et le testament primitif restera dès lors valable jusqu'à l'expiration des six mois à partir d'une nouvelle cause de déchéance.

Si au contraire, le testateur ne recouvrait le droit

de tester militairement qu'après les six mois, le premier testament ayant alors cessé d'être valable, il est évident que son auteur aurait besoin d'en faire un nouveau s'il ne voulait pas être intestat.

FORMULE DE TESTAMENT MILITAIRE

Voici une formule de testament militaire extraite du « Traité formulaire général du Notariat, par Defrenois.

Devant M. de Boumard (Léon-Charles), chef de bataillon au sixième régiment de ligne, premier bataillon, en campagne, commandant le détachement en grande garde à .

En présence de :

M. Lapierre (Désiré).

M. Bravard (Auguste),

Tous les deux sergents, mêmes régiment et bataillon, aussi au bivouac de. . . ., témoins requis.

A comparu :

M. Dumont (Eugène), soldat au sixième régiment de ligne, premier bataillon, troisième compagnie au bivouac de .

Lequel a dicté à M. de Boumard, en présence des témoins sus nommés, son testament ainsi qu'il suit :

Je lègue, etc.

Ce testament a été écrit par M. de Boumard, en présence des témoins, tel qu'il a été dicté par le testateur, puis lu au testateur qui a déclaré le bien comprendre et y persévérer.

Fait et passé a

Dans une tente servant d'ambulance,

L'an mil neuf cent

Le

Et le testateur a signé avec M. de Boumard et les témoins après lecture des présentes, le tout en la présence des témoins.

Le Mans — Imp. Ch Blanchet, 6, rue Gambetta — 42114

www.ingramcontent.com/pod-product-compliance
Ingram Content Group UK Ltd.
Pitfield, Milton Keynes, MK11 3LW, UK
UKHW020452220726
13923UKWH00006B/2501